QUELQUES MOTS

SUR

LA REVISION DE LA CONSTITUTION

PAR

Henri MIDY

Ingénieur des Ponts et Chaussées

AUTEUR DE :

Le Régime Constitutionnel. — Essai sur l'ordre de succession des formes politiques.— Le Sénat.

PARIS

Imprimerie et Librairie administratives et des Chemins de fer

Paul DUPONT

41, RUE JEAN-JACQUES-ROUSSEAU, 41

1884

QUELQUES MOTS

SUR

LA RÉVISION DE LA CONSTITUTION

PAR

Henri MIDY

Ingénieur des Ponts et Chaussées

AUTEUR DE :

*Le Régime Constitutionnel. — Essai sur l'ordre de succession
des formes politiques.— Le Sénat.*

———————

PARIS

Imprimerie et Librairie administratives et des Chemins de fer

Paul DUPONT

41, RUE JEAN-JACQUES-ROUSSEAU, 41

1884

QUELQUES MOTS

SUR

LA RÉVISION DE LA CONSTITUTION

Y a-t-il lieu de reviser les lois constitutionnelles de 1875?

« Oui, répondent un petit nombre de députés appartenant à la gauche la plus avancée. Il faut reviser la Constitution, parce qu'elle viole le principe de la souveraineté nationale :

« Par son origine, une Assemblée Constituante, nommée *ad hoc*, ne l'ayant pas votée ;

« Et parce qu'elle viole encore ce principe dans ses dispositions essentielles :

« 1° En opposant à la Chambre des Députés, élue directement par le pays tout entier, le Sénat, qui ne tient ses pouvoirs que d'un petit groupe d'électeurs spéciaux ;

« 2° En attribuant la nomination du Président de la République aux députés et aux sénateurs réunis en une seule Assemblée, au lieu de la confier au vote direct de tous les citoyens. »

La Constitution de 1875 mérite-t-elle ces graves reproches ? Viole-t-elle notamment le principe de la souveraineté nationale dans le sens où ce principe a toujours été compris par tous les publicistes, et défini par toutes nos Constitutions depuis 1789 ? Telle est la question que je me propose d'examiner sommairement et d'une façon très générale.

I.

Les plus avisés parmi les revisionnistes se sont bien gardés de soulever la difficulté qui fait l'objet du premier grief que je viens de mentionner. Qui sait, en effet, où pourrait nous conduire une Assemblée Constituante chargée de remanier de fond en comble toute notre organisation politique ? Je ne m'attarderai donc pas à l'étude de cette question secondaire. Mais, comme ceux qui l'ont mise en avant appartiennent — qu'ils le sachent ou qu'ils l'ignorent — au parti du gouvernement direct du peuple, je commencerai par examiner rapidement la théorie extrême qui ne trouve la réalisation sincère et complète du principe de la souveraineté nationale que dans la coopération du peuple tout entier à l'établissement de la loi, à son application et à l'action administrative intérieure et extérieure.

En procédant ainsi, j'arriverai plus vite à mon but, et, en même temps, ces préliminaires feront mieux comprendre en quoi se trompent ceux qui invoquent ce grand principe pour demander la suppression du Sénat, et pour obtenir le changement du mode de nomination du Président de la République.

Depuis un siècle on répète que tout peuple doit s'appartenir, rester le maître de ses destinées, posséder, en un mot, la souveraineté dans toute sa plénitude. Quel est le sens de ces affirmations?

Sur la définition des conditions essentielles de la souveraineté, tout le monde semble à peu près d'accord. Ainsi, pour tous, proclamer que toute nation est souveraine, c'est reconnaître en elle une personne distincte, qui ne peut être la propriété ni d'une famille, ni d'une classe privilégiée, ni d'un autre peuple; qui est tenue de penser par elle-même, de vouloir par elle-même, et de puiser dans ses seules idées, ses seuls sentiments, ses seuls intérêts, les mobiles exclusifs de tous ses actes.

Au contraire, les dissentiments les plus profonds s'accusent sur-le-champ dès qu'il s'agit de constituer la *Volonté générale* dont la loi est l'expression solennelle, et qui doit servir de règle suprême à tous les pouvoirs publics.

Que faut-il donc entendre par cette *Volonté générale?* Comment la tirer des entrailles du pays? C'est par les solutions différentes données à cette question capitale que diffèrent de la façon la plus tranchée toutes les organisations politiques.

Le parti du gouvernement direct du peuple a conservé sur ces matières les idées paradoxales de Rousseau, et, comme son maître, il dit:

La souveraineté ne peut pas plus être représentée qu'elle ne peut être aliénée. Donc, pour connaître la volonté générale d'une nation, il n'y a qu'un mode d'agir qui soit vrai, sincère, légitime : c'est de réunir tous les citoyens sans exception dans une assemblée unique, de les faire délibérer, et de compter les suffrages exprimés. La décision de la majorité constituera cette *Volonté générale*, haute, infaillible, seule digne de gouverner l'Etat.

Mais Rousseau n'avait été amené à cette conclusion qu'en posant *à priori*, sous l'obsession d'idées théoriques démenties par toute l'Histoire, que les peuples sont composés d'unités identiques, possédant sur toute question des idées de même valeur, susceptibles d'être additionnées, et de former ainsi une volonté appartenant bien à la majorité qui l'a émise, et comportant le maximum d'infaillibilité politiquement réalisable.

Or, aucun peuple n'a encore atteint à l'état de développement général admis par Rousseau, et c'est pour cette raison qu'il est impossible d'établir une identité absolue entre la volonté de la majorité du corps électoral délibérant tout entier, et la *Volonté générale* qui doit être réalisée pour satisfaire aux légitimes exigences du principe de la souveraineté nationale. On va facilement le comprendre.

On ne peut, en effet, jeter les yeux sur ces grandes agglomérations qui constituent les peuples modernes, sans être sur-le-champ frappé des énormes différences qu'y présentent, les unes par rapport aux autres, toutes les unités sociales. Ces différences tendent tous les jours à s'atténuer et à disparaître ; mais, à l'heure qu'il est, et sans tenir compte de la diversité des aptitudes, il est incontestable que l'inégale diffusion de l'éducation et de l'instruction, que l'influence des milieux, que la variété des situations et des intérêts, donnent des valeurs très dissemblables aux idées et aux sentiments, et, par suite, aux volontés et aux actes de tous les membres d'une même nation ; de sorte que le corps social semble moins, partout, former un seul peuple que résulter de la réunion de peuples divers, parvenus à des degrés de civilisation très différents.

Eh bien ! à supposer qu'une nation ainsi composée puisse être réunie dans une assemblée unique, n'est-il pas évident qu'elle sera incapable d'aboutir à une *Volonté générale* résumant fidèlement les volontés particulières de tous les citoyens ? Cela n'est pas douteux ; car, si ces derniers se servent bien des mêmes mots, ils ne parlent certainement pas tous la même langue, ne donnent pas aux mêmes formules la même signification, ne sont pas plus en état de se comprendre, en un mot, que ne le seraient — s'il était possible de les réunir — les représentants des pensées et des aspirations qui préoccupaient le même peuple à des époques différentes de son histoire. Les votes que l'on recueillera pourront donc bien, en apparence, donner la majorité à telle opinion ; mais cette majorité n'aura aucune réalité, aucune valeur sérieuse, car, on nous l'apprend en arithmétique, il est impossible d'additionner des quantités de nature différente et d'en former un seul tout.

Mais, d'ailleurs, pour voter avec un semblant de raison, il faudrait d'abord délibérer, et le pourra-t-on ? Non. On ne le pourra pas, non seulement parce que les délibérants ne parlent pas la même langue, mais surtout, parce que dans les grandes réunions, où existent forcément des différences considérables d'intelligence, de savoir, de caractère, de moralité, etc..., toute délibération sérieuse, complète, est absolument impossible, la contradiction étant formellement interdite à la minorité.

D'ailleurs, dans ces circonstances, ceux qui parlent ne sont ni les plus capables, ni les plus expérimentés, mais, trop souvent, les plus ignorants, les plus violents, les plus passionnés. Comment pourrait-on soutenir que telle décision sortie de débats aussi tronqués est bien l'expression de la *Volonté générale* du pays, quand tant de voix, et les plus compétentes, peut-on ajouter, ont été réduites au silence?

Le spectacle que nous donnent tous les jours les réunions publiques prouve que je n'ai pas chargé ce tableau ; et on peut affirmer que la volonté de la majorité, dans les grandes réunions dont je m'occupe en ce moment, n'est jamais que la volonté d'une infime coterie soutenue inconsciemment par des hommes dépourvus, pour la plupart, de toute liberté intellectuelle et morale.

Il est donc absolument impossible, d'une part, de reconnaître là une volonté appartenant bien à tout le pays ; mais il y a plus : il est surtout impossible d'y constater une volonté assez haute, assez infaillible, pour répondre aux légitimes exigences du principe de la souveraineté nationale.

En quoi consistent ces exigences ?

Toutes les Constitutions élaborées en France depuis un siècle répondent de la même façon à cette question. Toutes disent en effet :

« Le principe de la souveraineté réside dans l'universalité des citoyens ; nul corps, nul individu ne peut exercer d'autorité qui n'en émane expressément. »

« La loi est l'expression libre et solennelle de la *Volonté générale* et la règle suprême de l'État. »

Et elles ajoutent immédiatement : « La loi ne peut ordonner que ce qui est juste et utile à la société ; elle ne peut défendre que ce qui lui est nuisible. »

On le voit donc, ce n'est pas seulement en comptant des suffrages qu'on peut arriver à la réalisation de la *Volonté générale* d'une nation.

Non, jamais, en aucun temps, en aucun lieu, ni les Constitutions ni le bon sens public n'ont admis que l'avis de la majorité de tous les membres d'un peuple, délibérant en masse, pût être pris pour la règle infaillible du Vrai, du Juste et du Bien. Une comparaison va m'aider à faire comprendre à quelles nécessités il faut pourvoir, et à quels moyens il faut recourir, pour constituer cette *Volonté générale* seule digne de gouverner l'État.

Tout le monde reconnaît qu'un homme, parvenu à

tel moment de son existence, doit rester son maître dans les limites posées par la loi. Mais cela ne veut pas dire qu'on lui concède le droit de ne prendre pour règle de conduite que sa seule fantaisie. L'être le plus ignorant a une idée plus haute de la destinée humaine, et entend dans le silence des passions une voix qui lui crie : Sois juste, sois bon, va au Vrai par toutes les facultés, par toutes les forces qui sont en toi !

Eh bien ! de même, lorsqu'on dit qu'une nation doit rester souveraine, on entend par là que cette haute attribution, loin de lui conférer le droit de n'obéir qu'à ses caprices, lui impose au contraire l'obligation de ne prendre pour guides exclusifs que la justice et la raison, et de ne pas perdre de vue un seul instant qu'elle a des devoirs à remplir, une personnalité à affirmer, et une œuvre de haute civilisation à accomplir.

Et qu'on ne l'oublie pas, une nation est bien autrement intéressée que l'individu à se conformer à ces sages conseils. Si, en effet, ce dernier se trompe, il est ramené dans le droit chemin par la loi et par l'opinion publique ; tandis que, si un peuple a erré dans son appréciation du juste et de l'injuste, du vrai et du faux, il n'est arrêté par rien, et court le risque de décliner, ou même de perdre l'existence et son nom dans des conflits extérieurs mal engagés.

On voit donc combien il importe pour toute nation de ne pas étouffer les voix de ceux de ses membres qui ont atteint à un certain développement intellectuel et moral, et ont ainsi acquis le droit de lui donner les sages conseils dans lesquels elle reconnaîtra les injonctions de sa conscience, générale, impersonnelle.

Mais comment faire parler ces hommes, et comment obtenir l'adhésion convaincue, libre, des autres membres du corps social, de façon à rester dans la vérité du principe de la souveraineté nationale? Tel est le problème ardu qu'ont à résoudre toutes les organisations politiques. Les meilleures sont celles qui répondent le mieux à cette double obligation.

J'ai tâché de montrer tout à l'heure que la solution des partisans du gouvernement direct du peuple ne satisfait à aucune de ces obligations. Voyons maintenant si les partisans d'une Assemblée unique, qui demandent la suppression du Sénat, ont à nous offrir un système politique qui satisfasse mieux aux conditions posées.

II

On ne peut s'empêcher de reconnaître tout de suite que la solution des partisans d'une Chambre unique l'emporte de beaucoup sur la précédente. En substituant, en effet, à des réunions innombrables et composées des éléments les plus divers, les plus disparates, où toute discussion contradictoire est impossible, une assemblée peu nombreuse, dans laquelle le choix des électeurs fera entrer des hommes dépassant le niveau moyen, on aura réuni bien des chances favorables à l'élaboration d'une *Volonté générale* supérieure à celle dont je parlais tout à l'heure. Mais, pour obtenir ce résultat, il faut non seulement que les mandants prennent, comme cela a toujours lieu dans les difficultés d'ordre civil, des mandataires plus instruits et plus expérimentés qu'eux-mêmes ; il faut encore que ces derniers repoussent d'une façon absolue tout mandat impératif, car on comprendra sans peine que l'acceptation d'un pareil mandat réduirait à néant tous les avantages qu'une Chambre de Députés peut avoir sur l'assemblée générale du pays.

A quoi bon délibérer, en effet, quand chaque député est indissolublement attaché à des idées et à des moyens qu'il fera forcément prévaloir par son vote, en dépit de tous les arguments présentés ?

Ses électeurs auraient peut-être changé d'opinion à la lumière de ces débats ; lui, ne le pourra pas ; c'est un esclave qui finira par agir contre les impulsions de sa conscience pour rester fidèle à son mandat.

Aucun des auteurs des nombreuses Constitutions qui ont régi la France depuis 89 n'a cru que l'interprétation du principe de la souveraineté nationale dût aboutir là ; car tous sans exception ont interdit de la façon la plus formelle l'acceptation d'un mandat quelconque par les représentants du peuple, ou, ce qui revient au même, ont enjoint à ces derniers de faire

prédominer les intérêts généraux de tous sur les intérêts particuliers de leurs seuls électeurs.

Je le répète, avec ces restrictions, la solution des
partisans d'une Chambre unique l'emporte certainement sur celle des partisans du gouvernement direct
du peuple. Mais ne serait-il pas possible de faire un
pas de plus, et de réaliser la *Volonté générale* du
pays dans des conditions encore plus élevées, plus
utiles, et, partant, plus légitimes ?

Cela ne peut faire l'objet d'aucun doute ; et on va
voir combien sont dans le faux ceux qui demandent la
supression du Sénat.

Il est bien évident, tout d'abord, que les grandes
agglomérations électorales chargées de choisir les
représentants offrent encore, quoique à un degré
moindre — à raison de leur plus faible étendue — les
défauts que je signalais tout à l'heure dans l'assemblée
générale du pays. Ainsi, d'un côté, les électeurs ne
connaissent pas ou connaissent mal les hommes pour
lesquels ils votent, et ces derniers ne représentent
bien souvent que d'infimes coteries, étrangères aux
préoccupations et aux intérêts de la grande majorité
des citoyens.

En second lieu, d'une façon générale, les masses
préfèrent les hommes passionnés et violents qui ne
doutent de rien, et affichent la prétention de supprimer tous les abus comme par un coup de théâtre, aux
hommes que l'étude et le spectacle des choses humai-
nes ont rendus moins affirmatifs, moins téméraires, et

qui opposent à une politique de rénovation instantanée les sages lenteurs d'une politique de conservation et de liberté.

Or une nation, je l'ai déjà dit, est un organisme vivant dont l'existence se prolonge à travers les siècles, et qui, sous peine de faillir à sa mission, ne doit pas laisser en dehors de ses représentants les hommes qui savent comment la législation s'est peu à peu transformée pour obéir à des nécessités inéluctables ; des hommes qui, dans l'étude des questions économiques, n'ont jamais séparé l'amour du mieux de la recherche du possible, qui connaissent non seulement l'histoire de leur pays, mais celle des peuples voisins, et ne sont disposés ni à sacrifier l'avenir au présent, ni le présent à l'avenir.

On le comprend sans peine, de pareils hommes n'entreront pas toujours en majorité dans la Chambre des Députés, et cependant leur coopération à l'œuvre politique est indispensable ; car, si le sentiment, la passion, l'esprit d'initiative, même exagéré, sont des facteurs nécessaires de la *Volonté générale* d'une nation, la réflexion, la sagesse, la modération doivent concourir également à l'élaboration de la règle supérieure de conduite qui mérite seule d'être obéie.

Eh bien ! comment obtenir le concours des hommes dont je viens de parler ?

Forcera-t-on le corps électoral de prendre ses élus dans telles catégories désignées par la loi ? Non, car ce serait détruire la liberté des élections, annuler le principe de la souveraineté nationale. Et, d'ailleurs, ce procédé ne conduirait pas au résultat désiré, attendu que, dans la majorité des cas, la masse des électeurs choisirait toujours dans les catégories imposées, non les plus capables, mais les plus dociles, je veux dire les candidats qui se résigneraient le plus facilement à accepter le mandat impératif.

Comment donc résoudre cette difficulté ?

En ayant recours à un moyen qui n'est pas indiqué par la théorie seule, mais recommandé par l'expérience *de la vie politique* dans tous les temps, dans tous les lieux ; en faisant nommer, au deuxième degré, une seconde Chambre, temporaire comme la première, et chargée de concourir avec celle-ci à l'élaboration de la loi et aux actes principaux de la vie nationale.

L'existence d'une pareille Chambre, sortie des entrailles mêmes du pays, ne contredit en rien le principe de la souveraineté nationale (je reviendrai tout à l'heure sur ce point). On comprend, en outre, qu'en confiant la nomination de ses membres à un corps électoral assez restreint, et rendu déjà, par un premier choix, plus apte à se rendre compte des qualités nécessaires aux représentants du pays, et à reconnaître ces qualités chez des candidats méconnus des masses, on parviendra à composer cette Chambre d'éléments supérieurs à ceux qui figurent dans la première. On peut donc affirmer que la *Volonté générale* obtenue par la collaboration de ces deux Assemblées sera politiquement plus élevée que celle qu'aurait réalisée la Chambre des

Députés seule : or, on ne l'a pas oublié, c'est là la condition capitale à remplir par toute organisation politique digne de ce nom.

Je viens de dire que l'idée de continuité doit tenir une grande place dans les préoccupations d'un peuple. Pour pourvoir plus sûrement à cette nécessité, on pourra donner à la Chambre élue au second degré une durée plus longue que celle de la Chambre des Députés, et faire procéder partiellement à son renouvellement. Enfin, dans le même but, on pourra encore accorder à cette Chambre elle-même la nomination d'un certain nombre de ses membres, et se procurer ainsi, sans sortir de la vérité du principe de la souveraineté nationale — puisqu'il n'y a là qu'une élection au troisième degré par le pays — se procurer, dis-je, l'avantage d'y faire entrer des notabilités qui auraient pu échapper au choix des délégués des communes.

J'examinerai dans un second travail si la Constitution de 1875, qui procède de l'ordre d'idées que je viens d'exposer, a gardé la juste mesure dans l'emploi de ces différents moyens, et si, en outre, la concession de l'inamovibilité aux membres choisis par le Sénat lui-même ne viole en rien les droits du suffrage universel; mais je dois m'arrêter encore quelques instants sur la question de la hiérarchie des deux Chambres.

La loi du 24 février 1875 définit comme il suit l'intervention du Sénat dans la confection des lois :

« Art. 8. — Le Sénat a, concurremment avec la

Chambre des Députés, l'initiative et la confection des lois.

« Toutefois, les lois de finance doivent être, en premier lieu, présentées à la Chambre des Députés et votées par elle. »

D'autre part, la loi du 25 février 1875 sur l'organisation des pouvoirs publics porte :

« ART. 3. — Le Président de la République a l'initiative des lois, concurremment avec les membres des deux Chambres ; il promulgue les lois lorsqu'elles ont été votées par les deux Chambres ; il en surveille l'exécution. »

Ainsi, on le voit, les mêmes questions seront soumises aux deux Chambres jusqu'à ce que l'accord s'établisse entre elles. Mais, si cet accord ne s'établit pas, qui prononcera en dernier ressort ? Sera-ce la Chambre des Députés ? Sera-ce le Sénat ?

La Constitution est muette sur ce point, et voici comment les revisionnistes invoquent ce silence pour prouver que le Sénat doit disparaître :

« La Chambre des Députés, disent-ils, représente surtout la volonté présente du pays. Ce n'est, au contraire, que d'une façon théorique, en quelque sorte, qu'on peut soutenir que le Sénat est l'expression de sa volonté réfléchie, continue, embrassant à la fois le passé, le présent et l'avenir. Or, ce qui constitue la personnalité vraie de l'individu, c'est sa volonté présente, avec les qualités et les défauts qu'elle comporte. Sans doute, il serait préférable que cette volonté tint

toujours compte des enseignements du passé et des nécessités de l'avenir ; mais on n'a pas le droit de se substituer à un homme en état de penser par lui-même, de lui faire subir la tutelle d'un directeur étranger, même avec l'espoir de lui imposer une conduite impeccable, sous peine de l'annuler et de le détruire. Et de même, bien qu'une nation ait un intérêt capital à trouver dans l'organisation politique un organe qui la rappelle à la justice, à la sagesse, à la modération, elle ne peut admettre que cet organe la prive indûment du droit de s'appartenir et de rester la maîtresse de ses destinées. »

Il est bien certain que si la Chambre des Députés était la si fidèle représentation du pays qu'il fallût y voir un autre lui-même, avec tous ses défauts, mais aussi avec toutes ses qualités, il serait impossible de faire échec à la volonté de cette Assemblée sans faire échec à la *Volonté générale* que les Constitutions cherchent à réaliser ; et dans ce cas, en effet, on porterait la plus sérieuse atteinte au principe de la souveraineté nationale. Mais cette identité n'existe pas, loin de là : et c'est précisément parce que la Chambre des Députés ne représente que très imparfaitement le corps social dans son universalité, que l'on a été amené à lui adjoindre une autre Chambre pour constituer la *Volonté générale* du pays dans les conditions de réalité et d'infaillibilité qui sont absolument indispensables.

Eh bien ! est-il si regrettable que telle question soit

momentanément écartée par le Sénat ? Non, certainement. Car, à supposer que cette question ait une
importance réelle, son rejet provisoire permettra au
corps électoral de la connaître, de se l'approprier, de
s'agiter pour elle, et de la ramener devant les Chambres avec une persistance qui triomphera de tous les
obstacles. Si, au contraire, elle ne méritait pas d'être
prise en considération, et n'avait été soulevée que par
quelques meneurs isolés, la nation cessera de s'y
intéresser et l'oubliera bientôt. Mais, qu'on le remarque
bien, dans ces deux hypothèses, l'opposition du Sénat
aura eu le grand avantage de forcer tous les citoyens
de penser, de vouloir, d'agir, c'est-à-dire de prendre
la part la plus active à la gestion politique, d'exercer
réellement la souveraineté.

Mais, dira-t-on, si les hasards du renouvellement par-
tiel ou l'influence prépondérante des membres ina-
movibles rendaient la résistance du Sénat invincible,
et amenaient ainsi un conflit, non plus entre ce dernier
et la Chambre des Députés, mais entre cet organe et
le pays lui-même, ne conviendrait-il pas de forcer le
Sénat de céder ? et ne serait-il pas même plus logique
de le supprimer tout à fait?

Non, je l'ai déjà dit, supprimer le Sénat pour parer à
une éventualité qui ne se réalisera peut-être jamais, ce
serait retomber dans une organisation politique tout à
fait défectueuse, dont partout l'expérience a fait justice.
Quant à inscrire dans la Constitution un article qui
forcerait le Sénat de céder, — même après des délais

très longs — par la réunion du Congrès, ce serait se priver de tous les avantages que procure cette Chambre pour l'élaboration de la *Volonté générale* du pays; car il ne faut pas perdre de vue que le Sénat est là pour donner aux discussions plus d'ampleur et plus d'élévation, et qu'on lui rendrait ce rôle tout à fait impossible en décrétant d'avance l'inutilité de ses efforts.

J'ajouterai qu'il est des difficultés que les Constitutions ne doivent pas prévoir et qu'il faut laisser résoudre par le bon sens public. La façon, d'ailleurs, dont le Sénat a rempli sa tâche jusqu'à ce jour ne permet pas de supposer qu'il sorte jamais de la sage réserve que le vrai sentiment de sa situation lui imposera bien mieux qu'un texte de loi (1).

Je crois à peine nécessaire de faire remarquer combien le Sénat, dans la République actuelle, diffère de l'organe qui, sous le même nom, ou sous celui de Chambre des Pairs, remplissait des fonctions analogues dans les régimes monarchiques antérieurs. D'abord ces Chambres n'avaient aucune attache réelle avec le pays; et, en second lieu, en choisissant leurs membres dans certaines catégories de fonctionnaires, le Roi ou l'Empereur parvenait bien à y réunir de grandes lumières, mais les rendait absolument incapables de comprendre ou de pratiquer toute autre politique que la politique conservatrice. Tous les ressorts de l'État

____

(1) Je ne parle ici que d'une manière générale, et sous réserve des modifications que j'étudierai plus tard, notamment en ce qui concerne l'inamovibilité.

étaient donc tendus pour amener la Chambre des
Députés à s'attacher exclusivement à l'emploi des
moyens autoritaires, et ce n'était ainsi qu'artificielle-
ment que l'accord semblait subsister entre les deux
Chambres, et entre ces dernières et le pays. En fait,
la volonté du prince dominait toutes les volontés, et
le principe de la souveraineté nationale, inscrit au
frontispice des Constitutions, n'était qu'une vaine pro-
messe toujours éludée.

III

Il me reste à aborder l'examen de la question rela-
tive au mode de nomination et au rôle du Président
de la République.

Certains revisionnistes voudraient — toujours par
respect pour le principe de la souveraineté nationale
— que le Président de la République reçût ses pouvoirs du corps électoral tout entier, et qu'il acquît ainsi
le droit d'intervenir d'une façon, plus efficace suivant
eux, dans la gestion des affaires publiques.

Disons d'abord comment la Constitution a organisé
les choses.

La loi du 25 février 1875 porte :

« ART. 2. — Le Président de la République est élu
à la majorité absolue des suffrages par le Sénat et par
la Chambre des Députés réunis en Assemblée nationale ; il est nommé pour sept ans ; il est rééligible. »

Cette façon de procéder est la conséquence toute

naturelle des principes qui ont présidé à l'organisation des pouvoirs publics. Le pays, en effet, ne peut avoir qu'un seul mandataire, et dès qu'il est établi que la Chambre des Députés et le Sénat remplissent ces hautes fonctions, le Président ne peut être chargé que de surveiller et d'assurer dans toute sa sincérité l'application des résolutions supérieures votées par le Parlement. Or, il remplira d'autant mieux cette mission, qu'il sera en plus complète communion d'idées, de tendances et d'aspirations avec les deux Chambres. Rien de plus logique donc que de le faire nommer par ces deux Chambres réunies en une seule Assemblée.

Le Président n'est pas, en effet, de par la Constitution, le supérieur des députés et des sénateurs : il n'est que leur collaborateur. Si le droit de dissoudre la Chambre des Députés lui est accordé, ce n'est pas pour lui fournir l'occasion de ramener cette Chambre à son avis, ou de lui imposer des ministres dont elle ne voudrait plus. Non. Le Président dans la République de 1875 n'est pas, comme le Roi dans certaines monarchies, tenu d'avoir toujours raison, et raison contre tous. Dans des cas prévus, il peut bien, il est vrai, demander aux Chambres une nouvelle décision qui ne peut être refusée (art. 7 de la loi du 16 juillet 1875), et, comme je le disais à l'instant, il a le droit, sur l'avis conforme du Sénat, de dissoudre la Chambre des Députés avant l'expiration légale de son mandat (art. 5 de la loi du 25 février 1875); mais dans ces circonstances, c'est moins pour faire triompher sa manière de voir que pour donner au pays l'occasion de proclamer la sienne, qu'il est revêtu de ce double pouvoir. Lors donc que le corps électoral a prononcé, il n'a plus qu'à s'incliner et à se conformer à sa volonté, qui devient pour lui une loi inéluctable. En un mot, le Président est là surtout pour mettre bien en évidence la *Volonté générale* réalisée par l'accord des deux Chambres, pour empêcher qu'une minorité bruyante ne donne le change au pays et n'empiète sur les attributions de la majorité véritable, pour rappeler à tout instant qu'on ne doit pas se laisser distraire, par les revendications intéressées de quelques meneurs, des préoccupations plus hautes de l'universalité des citoyens.

Ce n'est pas tout : lorsque le cours des événements amène forcément et légitimement au pouvoir des partis faisant une part plus grande, les uns à la liberté, les autres à l'autorité, le Président doit rester le collaborateur sincère de ces partis différents, tout en s'étudiant à ramener toujours aux idées sages et modérées ceux qui seraient tentés de s'en écarter. On le verra donc tantôt stimuler ceux qui voudraient s'immobiliser dans le *statu quo*, tantôt retenir ceux qui seraient disposés à se lancer dans les innovations les plus radicales et les plus téméraires.

On voit quelles qualités diverses exige l'exercice du rôle de Président de la République, et il est bien évident que le corps électoral tout entier serait moins habile à découvrir et à acclamer l'homme les possédant, que ne l'est l'Assemblée nationale formée par la réunion des députés et des sénateurs.

Pour s'en convaincre, il suffit de se rappeler ce que j'ai dit plus haut de l'impossibilité où se trouve l'assemblée générale de tout un peuple de s'entendre sur les idées politiques les plus simples. Comment s'entendrait-on mieux sur un nom ? Et ne voit-on pas d'ailleurs que les masses, qui n'aiment et ne comprennent que les opinions les plus tranchées, les plus exclusives, choisiraient le plus souvent des hommes réfractaires à toute transaction, et incapables de remplir avec le tact nécessaire la mission impartiale et modératrice dont je parlais tout à l'heure ?

Mais, dira-t-on, c'est précisément pour briser avec ces idées d'impartialité et de modération, qui imposent une attitude si effacée au Président de la République, qu'on demande de faire intervenir dans son élection le pays tout entier. Eh bien ! je réponds que ce mode de procéder aurait encore de bien plus graves inconvénients si, abandonnant, sur la hiérarchie des pouvoirs publics, les sages dispositions des lois de 1875, on attribuait au Président un rôle prépondérant.

On verrait, en effet, le chef du pouvoir exécutif se jeter tout de suite dans la mêlée des partis et faire servir toutes les forces de l'État à la suprématie exclusive de ses opinions et de celles de ses partisans. Les élections seraient faussées, les fonctionnaires réduits à la dépendance la plus servile ; et souvent une révolution deviendrait nécessaire pour changer le sens de la politique pratiquée. Ce n'est pas par de tels agis-

sements qu'une grande nation peut réaliser à la fois
l'ordre et le progrès, parce que, il faut le répéter à sa-
tiété, la politique libérale et la politique conservatrice
ne se contredisent pas, mais se complètent au contraire,
et ont chacune à exercer, à tel moment, sur la direction des affaires politiques, une action différente et
nécessaire.

Mais ce régime du Président prépondérant, qu'on
présente comme une amélioration sur ce qui existe
aujourd'hui, a déjà été essayé en France, et a abouti
aux plus déplorables résultats. Deux fois il nous a
donné l'Empire, et la troisième fois il nous aurait donné
la monarchie de droit divin, si le dépositaire du pouvoir n'avait pas reculé au dernier moment.

Du reste, chez nous, la suprématie du chef de l'Etat
n'a pas été désastreuse seulement dans la forme répu-
blicaine : elle a amené la ruine de la monarchie, une
première fois sous Charles X, une seconde fois sous
Louis-Philippe, en inféodant fatalement tous les organes
de l'Etat à la politique conservatrice, sans possibilité
de retour. Et a-t-on déjà oublié que c'est pour recou-
vrer cette prépondérance que Napoléon III nous a pré-
cipités dans la néfaste collision de 1870?

Je crois donc qu'il serait imprudent de changer le
mode de nomination du Président de la République,
et que le mieux est de s'en tenir, sur cette question
et sur le rôle à jouer par ce haut magistrat, à ce qui a
été fixé par les lois de 1875. On restera mieux ainsi
dans la vérité du principe de la souveraineté nationale,

et on évitera des dangers dont notre histoire a trop souvent prouvé toute la réalité.

J'ajouterai que, pour comprendre que l'absolu n'existe pas ici-bas, et pour savoir faire assez abstraction de ses propres idées, de ses propres sentiments, pour tenir la balance égale entre tous les partis, il faut réunir des conditions de savoir, d'abnégation et de tact assez rares, et pourtant absolument indispensables à un chef d'Etat. Ne croyons donc pas, sur les apparences, que la Constitution de 1875 n'a confié au premier magistrat de la République qu'une mission sans prestige et sans portée. Elle lui a imposé, au contraire, une tâche que bien peu seraient capables de remplir ; et, si la République a traversé sans encombre des phases assez difficiles, c'est en grande partie aux qualités du Président actuel qu'elle le doit.

IV

Et maintenant, pour conclure, la Constitution de 1875 est-elle aussi défectueuse qu'on le prétend? Faut-il ne voir en elle qu'une organisation monarchique déguisée, établie au mépris du principe de la souveraineté nationale et des droits du suffrage universel ?

Ceux qui lancent ces affirmations, je crois l'avoir démontré, ne se rendent compte ni de la signification vraie du principe de la souveraineté nationale, ni des nécessités supérieures auxquelles l'application de ce principe doit pourvoir.

Quand le législateur proclame que les peuples ne doivent obéir qu'à eux-mêmes, il n'entend pas décréter que partout et toujours la loi de la majorité sera prise pour la règle infaillible du juste et du vrai ; car l'histoire nous dit trop éloquemment qu'au degré de civilisation atteint jusqu'ici, les hommes dépourvus de toute liberté intellectuelle et morale sont encore supérieurs en nombre à ceux qui ont gravi les plus hauts échelons du développement individuel. Il faut donc bien reconnaître que donner aux premiers le pouvoir exclusif de gouverner l'État, ce serait déclarer *à priori* que la pensée n'est qu'une dépravation de l'esprit, que le savoir et l'expérience sont des attributs sans réalité, sans utilité.

Mais il y a plus : on n'obtiendrait pas même ainsi, soit en réunissant dans une seule Assemblée tous les membres d'une nation, soit en les faisant représenter par une Chambre unique, que l'intervention de *tous* dans la gestion des affaires publiques fût effective, sincère et libre ; car, je l'ai dit, dans ces deux systèmes politiques, c'est toujours une infime minorité qui parvient à imposer sa direction à des masses sans convictions et sans liberté. Or, ce qu'exige avant tout la réalisation sincère du principe de la souveraineté nationale, c'est le concours de toutes les forces, de toutes les qualités sociales, les plus humbles comme les plus hautes, à l'élaboration de la loi et de la règle de conduite des pouvoirs publics.

Pour obtenir, on l'a vu, ce grand *desideratum*, il

est indispensable d'établir, l'une au premier, l'autre au second et au troisième degré, deux Chambres dans lesquelles le pays tout entier fait entrer des mandataires temporaires, parlant et agissant pour lui, et de confier à ces deux Chambres le soin de choisir les ministres et le chef du pouvoir exécutif. Par l'emploi de ces dispositions seulement, on réussit, en effet, à faire sortir des entrailles mêmes du pays les unités sociales les plus dignes de gouverner l'État, tout en laissant à l'universalité des citoyens le droit exclusif de prononcer toujours en dernier ressort sur toutes les questions.

La Constitution de 1875 satisfait à ces conditions nécessaires. Loin de violer le principe de la souveraineté nationale, elle ne fait qu'en réaliser l'application de la façon la plus complète et la plus haute.

A quelle cause donc faut-il attribuer l'acharnement de certains revisionnistes à poursuivre la destruction de cette organisation politique ? Je réponds, sans hésiter, à l'ignorance absolue des conditions qui président seules au développement individuel et au développement national. — Ce point a une importance capitale ; je demande, avant de finir, la permission de m'y arrêter quelques instants.

Que faut-il pour que l'homme s'élève au Vrai, au Beau et au Bien, dans la plus haute mesure que comporte son organisation ?

Il est nécessaire, tout d'abord, que l'*Éducation* (1)

____

(1) J'embrasse sous ce terme général l'éducation et l'instruction.

fournisse à son esprit la plus grande somme possible des notions de toute sorte accumulées par le travail des ancêtres ; il faut ensuite que par des expériences directes, par l'*Action* (1), il puisse contrôler la valeur de ce qu'il a appris, et arriver ainsi, soit en conservant, soit en modifiant ses premières doctrines, à un acquis plus complet, plus étendu, qui sera son propre ouvrage, et deviendra le point de départ de pensées et d'actes lui appartenant bien en propre.

L'*Éducation* toute seule ne fait que des érudits, incapables de se corriger sous la pression des événements, et, par suite, de progresser ; et l'*Action*, donnée seule à des hommes que l'*Éducation* n'a pas mis en état de comparer et de choisir, met également ces derniers dans l'impossibilité de faire un seul pas dans la voie du progrès.

L'*Éducation* et l'*Action* doivent donc coopérer simultanément pour former des hommes complets, c'est-à-dire des hommes réfléchis et libres, en état de penser et d'agir par eux-mêmes, capables, en un mot, de prendre possession de la souveraineté individuelle, élément nécessaire de la souveraineté nationale.

Eh bien ! les radicaux les plus avancés méconnaissent ces grandes vérités lorsqu'ils affirment qu'on peut donner l'*Action*, ou, en d'autres termes, la liberté politique la plus illimitée, à des hommes qui n'ont pas

---

(1) Dans le langage politique, on remplace souvent les mots *Éducation* et *Action* par les mots *Autorité* et *Liberté*, qui ont au fond la même signification.

reçu l'acquis nécessaire pour en bénéficier. L'histoire l'a cent fois prouvé : en Grèce, à Rome, chez nous, l'intervention des masses dans les affaires publiques, ou n'a pas été réelle, ou a abouti bientôt aux consé-quences les plus désastreuses, — à l'anarchie.

Il existe à l'autre pôle de la politique un parti qui partage toute l'ignorance des radicaux sur les condi-tions du développement de l'individu, et qui compromet le progrès national en faisant dans l'État une part trop exclusive à l'*Éducation :* je veux parler du parti de la royauté de droit divin. Pour ce parti qui, au rebours du précédent, exagère l'incapacité des unités sociales, la tutelle est le seul mode de gouvernement admis-sible. Rendre donc les dépositaires du pouvoir indé-pendants du pays par tous les moyens possibles, et surtout par l'hérédité et le privilège d'une origine sacrée, tel est le grand *desideratum.* Aussi, voit-on bientôt le souverain, entraîné sur une pente fatale, concentrer en lui seul toute l'action politique et la refuser à ses plus hauts collaborateurs aussi obstiné-ment qu'aux plus humbles unités sociales. — La fin de pareilles organisations n'est pas douteuse : c'est d'abord l'immobilité, et bientôt le déclin.

Quelles sont les idées principales d'où procèdent ces deux formes politiques si différentes, si inconci-liables ? Ce sont, d'une part, la croyance à l'infaillibilité native de l'homme, d'autre part, la croyance à sa per-versité originelle.

Ces deux idées préconçues sont fausses de tout

point ; l'homme n'est ni un ange, comme le prétendent les radicaux, ni un démon comme le soutiennent les légitimistes ; c'est un animal perfectible, qui peut s'élever ou s'abaisser, suivant l'usage bon ou mauvais qu'il fait de ses facultés, et suivant surtout l'*Éducation* qu'il a reçue et la dose d'*Action* qui lui a été donnée.

Et les nations ne peuvent non plus être déclarées, *à priori*, infaillibles ou perverses. Elles renferment le Bien et le Mal en proportions variables, suivant le degré de civilisation auquel elles sont parvenues ; et la tutelle indéfinie, ou la liberté illimitée, ne leur conviennent pas plus qu'à l'individu, et pour les mêmes motifs. Elles doivent s'appartenir, posséder la souveraineté, parce que leur ôter l'action politique et la responsabilité c'est les priver du seul moyen de se corriger et de progresser, et que, d'ailleurs, elles ont en elles l'intelligence, le savoir, l'expérience, la sympathie....., en un mot, toutes les grandes qualités qui doivent concourir à la gestion des affaires communes. Mais ce n'est pas par une simple addition qu'on peut réunir en un seul faisceau ces forces éparses à tous les niveaux de l'échelle sociale, et qui ne sont le privilège, ni d'une famille particulière, ni d'une classe spéciale. Ce travail difficile est l'œuvre des Constitutions, et les plus parfaites sont celles qui parviennent à condenser ces forces dans quelques organes principaux, et à les faire servir au développement complet d'hommes de plus en plus nombreux.

La Constitution de 1875 nous permet de suivre cette

large voie du progrès vrai. Et essayer de briser cet instrument avant même qu'on ait appris à s'en servir, c'est méconnaître de la façon la plus irremédiable les véritables nécessités du moment.

Conservons donc cette Constitution. Mais, en laissant à cette œuvre les traits principaux qui lui donnent toute sa valeur, ne serait-il pas possible de la modifier dans quelques-unes de ses dispositions secondaires ? C'est ce que j'examinerai dans un travail ultérieur.

Paris-Imp. PAUL DUPONT, 4, rue Jean-Jacques-Rousseau. 1309.5 81